AF355177

दिल की बातें

शब्दों की दुनिया, एहसासों की सौगात – 'दिल की बातें' हर मन के साथ!

HEMALI SOLANKI MEHTA

BookLeaf Publishing

India | USA | UK

Copyright © HEMALI SOLANKI MEHTA
All Rights Reserved.

This book has been self-published with all reasonable efforts taken to make the material error-free by the author. No part of this book shall be used, reproduced in any manner whatsoever without written permission from the author, except in the case of brief quotations embodied in critical articles and reviews.

The Author of this book is solely responsible and liable for its content including but not limited to the views, representations, descriptions, statements, information, opinions, and references ["Content"]. The Content of this book shall not constitute or be construed or deemed to reflect the opinion or expression of the Publisher or Editor. Neither the Publisher nor Editor endorse or approve the Content of this book or guarantee the reliability, accuracy, or completeness of the Content published herein and do not make any representations or warranties of any kind, express or implied, including but not limited to the implied warranties of merchantability, fitness for a particular purpose.

The Publisher and Editor shall not be liable whatsoever...

Made with ❤ on the BookLeaf Publishing Platform
www.bookleafpub.in
www.bookleafpub.com

Dedication

यह किताब उन सभी एहसासों के नाम, जो मेरे दिल में बसे थे और अब शब्द बनकर कागज़ पर उतर आए। उन लम्हों के लिए, जिन्होंने मुझे हंसाया, रुलाया, सोचने पर मजबूर किया और जिंदगी को नए नजरिए से देखने का मौका दिया। यह उन सभी लोगों के लिए, जो दिल से महसूस करते हैं, जो शब्दों के पीछे छुपे जज्बातों को समझते हैं।

Preface

शब्द जब दिल से निकलते हैं, तो वे केवल अक्षर नहीं रहते, वे एक अहसास बन जाते हैं। "दिल की बातें" वही अनकही बातें हैं, जो कभी मेरी अपनी थीं, लेकिन अब शायद आपकी भी लगें। इसमें प्यार है, दर्द है, सपने हैं, सवाल हैं—बस वही सब, जो हर किसी के दिल में चलता रहता है। उम्मीद है कि यह संग्रह आपके मन के किसी कोने को छू पाएगा और आप इनमें अपनी भावनाओं की झलक देख पाएंगे।

Acknowledgements

मैं दिल से शुक्रिया कहना चाहती हूँ उन सभी लोगों का, जिन्होंने कभी मुझे महसूस किया, सुना, समझा या मेरी कविताओं में खुद को ढूँढा। मेरे अपनों का साथ और आप सभी पाठकों का प्यार ही मेरी सबसे बड़ी ताकत है। अगर मेरी लिखी कोई भी बात आपके दिल को छू जाए, तो समझूंगी कि मेरा लिखना सफल हुआ।

1. कवि क्या है!

_किसी ने मुझसे पूछा_
कवि क्या है!

जवाब था मेरा
कवि वह है
जो किसी के दुख को
जो किसी के सुख को
उसके भीतर तक जाकर
महसूस कर ले!

और उतार दे पन्नों पर
दुख हो तो कांटे
सुख हो तो रंग बिखेर दें!

पढ़ने वाला उस चुभन को
महसूस कर सके
जो कांटों की होती है!

और उस खुशी को
महसूस कर सके जो किसी के

मन से निकलकर
रंगों से सराबोर होती है!

हर दुख में सुख में
कवि डूब जाया करता है
और पन्नों पर उतारकर
कविता बनाया करता है!

क्योंकि मन की भावनाएं
मन में रहकर
धुंधली हो जाती हैं
और पन्नों पर उतरी तो
जीवित जागृत अमरत्व
को प्राप्त करती है!

पढ़ने वाला जब भी पढ़े
उसे हर सुख-दुख अपना लगे
भावना न होती
तो कवि कवि ना होता
फिर इस जग में कोई
खुश न होता न रोता।

2. नन्हा बालपन

घर के पास हमारे
स्कूल है छोटे बच्चों का
सादगी, प्यार, मुस्कुराहट
मासूम से बालपन का।

इस घर में जब आए नए हम
बच्चे देखते थे हमें गेट से
जब कभी उन्हें देख लेती
सारे भाग जाते थे झट से।

फिर धीरे-धीरे उनसे
दोस्ती सी मेरी हो गई
वह मुझे टाटा करते और
मैं उनकी दीदी हो गई।

एक दिन भी ना जाता
जब टाटा मुझे ना कहते
मुझे भी सूना सा लगता
जब रविवार बच्चे ना रहते।

बच्चे अपनी सारी बातें
मुझसे आकर कहने लगे
मेरे पास आकर बच्चे
अपने झगड़े सुलझाने लगे।

फिर बच्चों को बताया मैंने
न जाना किसी के पास तुम
चॉकलेट दे या गुलफी तुमको
रहना अजनबी से दूर तुम।

बच्चों ने कहा मुझसे तभी
मां ने सभी सिखाया है
आप बड़े अच्छे हो दीदी
इसलिए आपका चॉकलेट खाया है।

फिर मेरे चेहरे पर आई बहुत बड़ी मुस्कान
सारे छोटे बच्चे बोले बिल्कुल बड़े समान
जैसे बढ़े दिन बढ़ता रहे बच्चों का ज्ञान
यह सारी बालिकाएं उड़कर छू लें आसमान।

3. दादी का गांव

पसंद है पसंद मुझे, वह दादी का गांव
जहां आंगन में झूला, और पीपल की छांव।

हर सुबह चिड़ियों का मेला, दाना चुगने आए
दादी मां गायों के झुंड को, गुड़ रोटी खिलाएं
लगाए झाड़ू आंगन में, सुंदर रंगोली बनाएं
फिर दादी मां बगीचे में, फूल चुनने जाए
बनाए माला सुंदर फूलों की, प्रभु को चढ़ाए
मधुर आरती धूप की खुशबू, मेरे मन को भाए
इसीलिए छुट्टी में मुझको
दादी का गांव याद आए।

बत्ती जब हो गुल, बाहर खटिया में सो जाना
सुबह सवेरे मुर्गे का, बांग दे-देकर जगाना
बाजरे की रोटी और, तिल की चटनी का स्वाद
याद रहेगा हमें दादी के, हाथ का वह स्वाद।

हर सांझ ढले मंदिर में, भजन मंडली आना
दादी मां का गाना और, मेरा मंजीरा बजाना
ढोलक की थाप पर, बच्चों का नाचना गाना

गांव की खुली हवा में, खुले मन से जीना।

बातें ढेरों हैं लेकिन, लिखी हैं हमने चंद
इन मीठी यादों को हमने दिल में कर लिया बंद।

4. हमारे बुजुर्ग

दूर कहीं एकांत में एक बड़ का पेड़
बहुत बड़ा, वह बहुत घना
शाखाएं हैं उसकी अनेक
हर कोई आता उसे देखने
शाखाओं से जी बहलाता
हाथ लगाता और झूलता
और फिर चला जाता
बड़ का पेड़ एकांत में
यही सोचता रहता
मुझसे शाखाओं का जीवन
पर मुझ तक कोई नहीं आता
इसी तरह घर के बुजुर्ग हैं
पहले उन तक जाना
बाद में तुम उनके बच्चे
और उनके बच्चों तक जाना
यह बुजुर्ग सदा नहीं रहेंगे
इनका आशीर्वाद पाना
इन्हें कुछ नहीं चाहिए तुमसे
इन्हें तो बस है देना
स्वर्ग सा होता है वह घर

जहां बुजुर्ग का हो सम्मान
वास्तव में पूजो तो मंदिर
वरना बस है मकान

5. वक्त

यूं ही नहीं मिल जाता, किसी को मुकम्मल जहां
इंतजार में उस वक्त के, हर ख्वाहिश होती है।

वक्त के आने से पहले, मिलता नहीं है कुछ भी
मंदिर में प्रभु दर्शन को भी, कतार होती है।

करने पर भी मेहनत जब, मंजिल तुम्हें ना मिल पाए
और कटीली राह देख कर, कदम तुम्हारे रुक जाएं।

संघर्ष करो मिलेगा लक्ष्य, जीवन की परिभाषा है
करे परिश्रम मिले विजय, जीवन से यह आशा है।

हर किसी का एक वक्त, तय किया है वक्त ने
उस वक्त का इंतजार है, उस वक्त तक हमें
वह वक्त आएगा तो, यह वक्त बदल जाएगा
वक्त की ताकत से, लड़खड़ाता संभल जाएगा।

वक्त की मुट्ठी में यहां है, वक्त का हर फैसला
चाहे हो खुशी या हो गम, या आंसू का सिलसिला
वक्त की इनायत हो तो, शहंशाह होते हैं लोग

हर वक्त की ठोकर से ही तो, मौत मांगते हैं लोग।

वक्त का है सारा चक्कर, वक्त का सब खेल है
चाहे वो बिछड़ना किसी का, या किसी से मेल है।

किसी के घर आए खुशी तो, वक्त की सौगात है
वक्त से टक्कर ले कोई, किसी की क्या औकात है।

कर्म करो फल वह देगा, यह वक्त का ऐलान है
कर्म किए बिना यहां सभी का, शून्य परिणाम है।

किसी के आंसू किसी के गम की, वक्त को परवाह नहीं
वक्त के रहते वक्त की सुन लो, चुन लो सभी राह सही।

6. बारिश का मौसम

ऊपर मेघों ने लाया है संदेश
कोई
आज आने वाला है हमारे देश
ठंडी ठंडी पवन ने खोल
दिया यह भेद
पास वह आ चुका है आज आपके देश

बस
घड़ी वह आ पहुंची
मौसम की पहली बारिश की
इन बारिश
की बूंदों को
हम लोगों तक पहुंचाने की

जैसे ही बूंदें हम तक
आई
सब झूम झूम कर नाच गए
बच्चे बड़े और बूढ़े
सारे घर से
बाहर आ गए

मौसम की पहली बारिश
सौंधी खुशबू लेकर
आई
मिट्टी खेतों की महक उठी
बेल पत्तों ने ली अंगड़ाई

खिड़कियां
घर की बंद हुई
और सारे बाहर जाने लगे
मोहल्ले के छोटे बच्चे
पानी
में नाव बहाने लगे

मौसम की पहली बारिश में
भीग रहा था हर कोई
इस
बारिश की राह देखकर
नींद थी सब की खोई

येरे येरे पावसा कहकर
बच्चों
ने गीत गाए
बच्चों के बहाने से
बड़े भी बारिश में नहाए

पहली बारिश की

बूंदें
हर मन को खुश कर जाती
हर उदास मन की उदासी
यह फुहारे दूर भगाती

7. मां पिता

इस कदर रास्ते हमारे
हमसफर बन गए
मंजिल
भी मिल गई
पर कदम रास्तों पर थम गए

इन मंजिल पर
पहुंचकर
राहों को भूल न जाना
इसने पहुंचाया है मंजिल
तक
उनसे न होना अंजाना

यह राह है हमारे मां-बाप
कभी हमारे मित्र सखा
यह हो राहों में फिर भी
मंजिल
हमें दिखाते हैं
रहते हैं हरदम काटो संघ
फूलों तक हमें

पहुंचाते हैं

इन्हें ना भूलना तुम कभी
मंजिल मिलेगी तुम्हें
सभी
मंजिलों तक पहुंच कर
कभी इन राहों से जाना
कभी
राह से काटे हटाना
हो सके तो फूल खिलाना

देंगे दुआ यही
रास्ते
मंजिलें तुम्हें मिलती रहें
जीवन का सफर हो कोई
कामयाबी साथ चलती रहे

8. जिंदगी

खुशियों को हर पल में समेटना सीख लो
जीवन एक गीत है, इसे गाना सीख लो
रूठो ना कभी किसी से, हर रूठे को मना लो
आए जो कभी ग़म,
खुशी बांटो और खुशी बटोर लो
जिंदगी मिलती है एक बार, इसे मुस्कुरा कर गुजार लो

९. रिश्ते

गलती तुम्हारी हो फिर भी
हमेशा सजा हम ही पाए
तुझे ढाकती मेरी चादर
कोयले सी काली हो जाए

हम न देखे ऐब तुम्हारे
तुम खुद ही बताते हो
अपनों से भी पराए हुए
तुम रोटी गिनने आते हो

आज खुश हैं हम सारे
चले गए दुख के जमाने
फिर भी आ जाते हो तुम
खुशियों को नजर लगाने

मिठास रखनी थी तो फिर
इतनी कड़वाहट क्यों बोई
मारे हैं इतने ताने तुमने
यह रिश्तेदारी हुई पराई

चासनी में डुबो देने से
मिर्च मीठी नहीं होती
मुझे निकली बातें कभी
मुंह में वापस नहीं जाती

जुड़ते नहीं प्रेम के रिश्ते
जो कड़वे बोल से टूटते हैं
अपने दूर होने की देर है
फिर पराए हमको लूटते हैं

अब रोने से फायदा नहीं
अब समय बीत चुका है
प्रेम से कितना भी सींचो
पौधा रिश्तों का सुख चुका है

10. इंसानियत

जीवन में किसी पर वह वक्त जरूर आएगा तुम्हारी
अच्छाई का नकाब कोई आकर हटाएगा
भिगोते रहना उस दिन तुम अपनी आंखें

दो पल रुकेगा कोई और आगे बढ़ जाएगा तुम्हारे
आंसू पोछने कोई नजर नहीं आएगा
इतने ना हो बेगैरत की अपनापन भूल जाओ
भूख लगे तो पका कर अपनों को ही खाओ मिलेगी नहीं
मुक्ति तुम्हें मरने के भी बाद
लेकिन जीते जी भी तुम जिंदा नहीं रह पाओगे
आई हो इंसान बनकर इंसानियत से रिश्ता रखना

बन ना सको फरिश्ते तो शैतान भी ना बनना

11. दुनिया

इस बड़ी सी दुनिया में
अपनी छोटी सी दुनिया है
इस
छोटी सी दुनिया की
बड़ी छोटी-छोटी खुशियां हैं
अपनों में
अपनेपन का एहसास हो
पूरा उनका हर ख्वाब हो
आंसू न
हो आंखों में कभी
मुस्कुराहटों की सौगात हो

बड़ों का सिर
पर हाथ हो
अपनों का हमेशा साथ हो
राहें हो फिर कितनी
भी कठिन
अपना खुद पर विश्वास हो

12. बचपन और आज

कितने सुहानी थे वो दिन
आता की मूली पकड़े
बगीचे में जाना
झूले में बैठकर मां से बुढ्ढी के बाल खाना
बगीचे में ढेरों
गुब्बारे उड़ाना
घर नहीं जाना कहकर वहीं बैठ जाना
कितना अच्छा
था बचपन
हर फरमाइश होती थी पूरी
झगड़ा था भाई-बहनों में
फिर
भी नहीं दिलों में दूरी
बरसात के पानी में नाव चलाना
बकरी के
बच्चों को सहलाना
चिड़ियों को देने जाते थे दाना
छोटा पिल्लू मिले
तो घर ले आना
मुंह छोटे से जूते मेरी पैरों में आ जाए

काश कि मेरा
बचपन लौट आए
नहीं पड़ती थी डॉट, चाहे गलती करो कुछ भी
हर
गलती पर समझाना याद है मुझे आज भी
आज भी मेरे पापा मुझे
लाडली बुलाते हैं
जब भी बाजार जाएं, गुब्बारे लेकर आते हैं
मां-पापा
हरदम मुझ पर प्यार बहुत बरसाते हैं
मैं उनके लिए खास हूं, यह अहसास दिलाते हैं

13. शब्द

शब्द का सागर बहुत बड़ा है
किसे चुनूं, यह प्रश्न पड़ा है

इन
शब्दों से रचनी है मुझको मेरी कविताएं
कौन जाने मेरी कविता का
कौन सा शब्द भाए

इन शब्दों के सागर में
जो शब्द तल में पड़े
इनमें
है वजन बड़ा, इनसे
कविता में हीरे जड़े
लेकिन हर किसी की आंखें
इतनी चमक सह न पाएंगी
इतनी रोशनी से उनकी आंखें बंद हो
जाएंगी

शब्द का सागर बहुत बड़ा है
चुनूं मैं किसे, यह प्रश्न पड़ा है

शब्द
वही जो सागर में ऊपर-ऊपर नजर आए
हो इतने हल्के कि हरदम
ऊपर तैरते जाएं
इनसे इन कविताओं में एक हल्कापन आएगा
किनारों
से भी हर कोई इनको पढ़ पाएगा

कविताएं हमारी होती हैं भावना
प्रधान
जो भाव न समझा पाए, वह शब्द आए क्या काम
हर कोई पढ़े
कविता, वह ठीक से समझ जाए
जो कविता को सरल बनाएं, शब्द वही काम आए

14. अपनापन

कल तक अपने थे जो
आज अजनबी होने लगे

मिल भी जाएं अगर कभी
तो हमसे नजरें चुराने लगे

ना लबों
पर मुस्कान उनके
ना आंखों में चमक अपनेपन की
औपचारिकता
निभाते हैं बस
त्योहार में मिलने मिलाने की

कभी मुंह से कुछ निकल
जाए
तो शब्दों की गांठ लगाते
हैं
जब मन हो तब गांठ खोलकर
वही
शब्द दोहराते हैं

अगर कभी हम खुश हैं
तो
हमारी खुशी में भी नहीं
आते
और कभी हम दुख में हों तो
मरहम भी नहीं लगाते

हे ईश्वर बंद
हो अपने पराए का खेल
ना जाने कब हो जाए जीवन मरण का
मेल
जो बोया है हमने यही काट कर जाना है
वरना हमारी अंत्यात्रा
और खुश सारा जमाना है

15. माफ कर जिंदगी

अपनी हर भूल पर मैं पछताना चाहता हूं
मुझे माफ कर ए जिंदगी में जीना चाहता हूं

गए थे जो कदम मैंखानों की ओर
पछताकर उन्हें मोड़ना चाहता हूं
मुझे माफ कर ए जिंदगी में जीना चाहता हूं

टूटती हुई सांसों को जोड़ता हूं हर घड़ी
अपनेपन से हो जुड़ी
ऐसी नहीं कोई कड़ी
इस अकेलेपन से मैं अपनापन मांगता हूं
मुझे माफ कर ए जिंदगी में जीना चाहता हूं

अपनी खुदगर्जी में डूबा रहा मैं इस कदर
मैंखाने के सिवा नहीं कुछ आया नजर
अब इन नजरों में खोया नजारा चाहता हूं
मुझे माफ कर ए जिंदगी में जीना चाहता हूं

जिंदगी में अपनी मैं कुछ किसी को दे ना सका
सब मेरे होते रहे पर मैं किसी का हो न सका

अब जो अपने चाहते हैं, करना वही चाहता हूं
मुझे माफ कर ए जिंदगी में जीना चाहता हूं

16. शब्द

इन शब्दों का शुक्रिया कैसे करें
शब्दों ने बनाया है
हमको
शब्दों से मिली पहचान हमें
शब्दों ने सजाया है
हमको

यह शब्द न होते तो जाने
अस्तित्व हमारा क्या
होता
यह शब्द से शब्द मिले
और शब्दों ने ऐसे संयोग
रचे
यह शब्द हमारे हो गए
और हम शब्दों के होकर रह
गए

इन शब्दों से हम बने कवि
और इस मन को एक राह
मिली

उस राह पर बस हम चल निकले
तब तक जब तक
मंजिल न मिले

17. आसमान मुट्ठी में

शीतल चांदनी ने आकाश में
अपना आंचल फैलाया
लेकिन उस आंचल से
कोई तारा हाथ न आया

छूना चाहते हैं आसमान
पर मेहनत से कतराते हैं
और पिता के पैसों पर
हम कितना इतराते हैं

काम करो कुछ ऐसा
कि नाम तुम्हारा हो जाए
मेहनत करो तुम इतनी
कि बदनसीबी सो जाए

फिर तुम खुले आकाश में
अपने पंख फैलाना
सारे तारे समेटकर
जमीं पर ले कर आना

सफलता का सूत्र है यह
मेहनत करो, कभी न हारो
हार गए तो क्या होगा
इस डर को गोली मारो

आओ आज सौगंध उठाएं
काम कुछ ऐसा कर जाएं
पैसे हों हमारे कमाए
और पिता हमारे इतराएं

18. सूर्यास्त

यह जिंदगी सूर्यास्त है
फिर भी जीवन में आस है
होगा सूर्योदय कभी न कभी
जब तक बाकी यह सांस है
यह जिंदगी सूर्यास्त है
जिस बाग के माली हैं हम
वह बाग कभी न मुरझाए
गुलिस्तान यह महकता रहे
हर एक गुल मुस्कुराए
यह ईश्वर से दरखास्त है
यह जिंदगी सूर्यास्त है

19. जीत

जिंदगी लतीफा है
इसका खुलकर मजा लो
हार में हमेशा हंस लो
और जीत मानो सजा हो
अपनी जीत होने पर
करो इतना परिश्रम
मेहनती से मेहनती को
आय खुद पर शर्म
मेहनत करने पर भी
मिले ना जो मंजिल
ना होना तुम परेशान
कदम तुम्हारे बढ़ते रहें
इसी में तुम्हारी शान
करो प्रयास इतने कि
हार थक कर सो जाए
जीत जाग उठे हमारी
और हम उन्नति पाए
माता-पिता के आशीष से
अपना नाम कमाएं

करना है कुछ ऐसा
कि देश के काम आए

20. समय चक्र

कितनी तेजी से घूमता है
यह कुम्हार का चाक
मिट्टी को मिलता आकार
जो लगा कुम्हार का हाथ
मिट्टी चाक पर ऊपर चढ़े
आकार आए तो आगे बढ़े
समय का चक्र भी ऐसा है
सबका जीवन इससे चले
हो समय जब अपना पूरा
तब हम चक्र से आगे बढ़ें
फिर स्वर्ग नरक की बारी
रखो तुम इसकी तैयारी
जो बोया है वही है पाना
कर्म अच्छे रखो, पछताना

21. चश्मा (मानवीकरण)

यह सुंदर दुनिया जब, धुंधली हो जाए तुम्हारे लिए
याद करना फिर मुझे, मैं आ जाऊंगा तुम्हारे लिए।

गुलिस्तान के फूल के रंग, फीके न पड़ने दूंगा
आसमान की रंगीन छटा, धुंधली न पड़ने दूंगा।

आए जब बाग से, कोई तितली आए तुम्हारे पास
मुस्कान हो होठों पर तुम्हारे, यही हमारी आस।

पढ़ सको हर लफ्ज़, जो लिखे तुम्हारा कोई अपना
हर रंग तुम्हारे साथ हो, जब देखो तुम कोई सपना।

चाह नहीं है मुझको, जीवन भर साथ रहूं मैं तेरे
चश्मा हूं मैं, चाहत है मेरी, खुश रहे तू बिन मेरे॥

22. वृद्ध आश्रम

वह अकेलापन, वह दर्द, वह तन्हाई
आंखों में देखी है, मैंने उनके अक्सर।

वह शांति से बैठना, पर मन में भूचाल होना
और अकेले में अचानक, फूट-फूट कर रोना।

तन्हाइयों का आलम यह है, कि मौत मांगते रहते हैं
और आते-जाते लोगों को, चुपचाप देखते रहते हैं।

उम्र लंबी गुजार दी, जिन्हें संभालते हुए अपनी
शायद आज उन्हें इनकी, जरूरत ही नहीं इतनी।

दिन बीत रहे हैं, तारीखों पर है इनकी नजर
कभी न कभी तो, कोई लेने आएगा खबर।

इतनी खामोशी है कि, यह अब शोर मांगते हैं
वह घर के बच्चों के साथ का, दौर मांगते हैं।

नासमझ हैं, नहीं समझे कि इनका वहां कोई नहीं
जब से आई है यहां, आंखें इनकी कभी सोई नहीं।

आंखें देखती हैं दरवाजा, अपना कोई आ जाए
मौत आने से पहले हमें शायद पानी पिला जाए।

23. नव भारत निर्माण

है प्रतिज्ञा मेरी, नव-भारत का निर्माण करूं
अपनी छोटी सी मुट्ठी में, पूरी धरती आकाश भरूं।

तपूं इतना अस्तित्व मेरा, कुंदन में बदल जाए
करूं ऐसा मेरे देश का, सम्मान और बढ़ जाए
इस बदलते युग में मेरा, भारत भी बदल जाए
आधुनिक कहलाए, डिजिटल इंडिया बन जाए।

है वचन मेरा मिट्टी का, परचम मैं लहराऊंगी
हर खाली भूमि पर, पेड़-पौधे मैं लगाऊंगी।
करूंगी कम इस्तेमाल ईंधन का
साइकिल मैं चलाऊंगी।
रखूंगी रास्ते साफ मैं, कचरा नहीं फैलाऊंगी
रोएंगे नहीं नौकरी नहीं है, हुनर नया सीखेंगे
खुद अपना काम करेंगे, औरों को भी काम देंगे
भेद नहीं बेटा बेटी का, बेटी को भी पढ़ाएंगे
नव भारत निर्माण में, दोनों अपना हाथ बटाएंगे।

गर्व से सभी कहेंगे, वंदे मातरम हर दिन हम
देश हित में हर धर्म का, मिलकर उठे हर कदम

शान न कम हो देश की मेरे, जब तक है दम में दम
भारत माता की जय बोलेंगे, हम भारतीय हरदम !

ए जवान भाई, तुम्हारी कलाई, रक्षा सूत्र की अधिकारी है
हर मौसम से जूझ के, तेरा दुश्मन से संघर्ष जारी है
हर संघर्ष में भाई मेरे, विजय तिलक हो तेरे नाम
जिसने वीरों को जन्म दिया, उस भारत भूमि को प्रणाम॥

24. मैंखाना

बड़े खुश होकर बढे हम बर्बादी की तरफ
चार यार मिले बढ-चले मंजिल की तरफ ।

दूर नहीं था जल्दी ही आ गया वह ठिकाना
फिर तो रोज ही होने लगा, हमारा आना जाना ।

सिलसिले चलते रहे, चादर छोटी होने लगी
पांव सिकुड़ने लगे हमारे, और आंखें रोने लगी ।

चले गए सभी रूठकर, बसाने अपना अलग जहां
हां वहीं से आई है बर्बादी, हम जाते हैं रोज जहां ।

हमारे महकते चमन को, आग लगाई है जिसने
हां मैंखाना ही था, हमारी जन्नत जलाई है जिसने ।

सुबह उठो तो तकिया, धूप में सुखाना पड़ता है
हर तीसरे दिन अपना कुर्ता, टाइट करना पड़ता है ।

पकड़ा जो मैंखाना, हमसे छूट गया हर साथ
और पास खड़ी होकर, मौत बढ़ा रही है हाथ ॥

25. बेलगाम अश्क

हमारे अश्क भी, बेलगाम हो गए
कभी खुशी तो, कभी गम में बह गए।

बागान की रंगत देखकर, छलके जो आंसू
माली ने हमसे कहा, कहीं और जाओ
कहीं और जाकर, अपने आंसू बहाओ
अपने खारे पानी से, मेरे पौधे ना सुखाओ।

जाओ नदी किनारे जाओ
जाकर अपने आंसू बहाओ
पानी में अश्क मिल जाएगा
किसी को पता ना चल पाएगा।

नदी का बहाव देखा
एक अश्क हमारा बह गया
मछलियां मचलने लगी
शिकायत हमसे करने लगी
जाओ जाकर समंदर में
अपने खारे अश्क बहाओ।

गए जो समंदर के पास
समंदर ने हाथ जोड़ दिए
मुझे और खारा ना करो
कहो मैंने क्या पाप किए।

सारा जहां भटककर हमको
साफ समझ यह आ गया
रोए तो साथ छोड़ देंगे सभी
हंसे तो जमाना साथ आ गया।

26. अंतिम दिन

रहो दुनिया में ऐसे कि आज मेरा अंतिम दिन है
मिठास घोलो ऐसे कि आज मेरा अंतिम दिन है
ऐसा करते
करते समय बीता जाएगा
हर बिगड़ा हुआ कल आज सुधरता जाएगा
जुड़ जाएंगे फिर से टूटे हुए रिश्ते
लोग कहेंगे फिर तुम
इंसान नहीं हो फरिश्ते
चाहत में रखो कभी सम्मान पाने की दो
सम्मान करो कोशिश फर्ज निभाने की
हो चाहे छोटा या बड़ा
सबको दो तुम इतना प्यार
तुम जहां हो सबको लगे आ गई बहार
रखना बड़ा **दिल** तुम अपना करना कोशिश देने की नहीं
फैलाना हाथ कभी तुम मांग करो बस
आशीष की जब तुम्हें देख
लोगो के मुख पर आ जाए मुस्कान
सफल जीवन जीने की यही तो है पहचान
फिर कह देना ईश्वर से हूं देखो मैं तैयार जब चाहो तब
ले जाना चाहे हो कोई समय या वार

रहेगी ना कोई कसक दिल
में किसी से कुछ कहने की
क्योंकि हर दिन ऐसे मिले सबसे कि
आज मेरा अंतिम दिन है

27. जय जवान जय किसान

पूछा मेरे दिल ने मुझसे, कौन है सबसे महान
जवाब आया दिल से, फिर पहला जवान, दूसरा किसान
दिन-रात एक कर के, जो खेतों में धान उगता है
खुद चाहे भूखा रहे, धान हम तक पहुंचाता है
और दूजा, दिन-रात ना देखें, करता सुरक्षा हमारी
देशहित ही सोच है इनकी, बाकी दुनिया भुला दी सारी
रिश्ते-नाते और परिवार, पीछे छोड़ के आए
देश रक्षा में जवानों, तुमने सालों साल बिताए
समय पड़ा तो जान भी दे दी, ना कि कोई परवाह
देशहित में मर मिटने की, हर जवान **की** चाह
फिर क्यों न कहें हम कि तुम महान, जय जवान, जय किसान

28. कर्म के फल

आज हमारी चौखट पर
आए थे वही लोग
निकालकर हमें घर से
खाए थे छप्पन भोग

आइना धुंधला हो फिर भी
शक्ल नजर आती है
कोशिश लाख करे कोई
फितरत बदल न पाती है

समय यूं ही चलता रहेगा
हम सब याद दिलाएंगे
तुमने हमें निकाला था
हम आदर से बुलाएंगे

इसको तुम ना समझो
तुमने मन जीत लिया
हमारे कर्म अच्छे ही रहे
तुमने चाहे जो किया

मैं दुनिया बहुत बड़ी
कोई तुमसा नहीं होगा
राशि एक कुत्ते कोयल की
पर कुत्ता कभी मीठा न होगा

29. जूते

जिंदगी भर साथ चले हम तेरे हमसफर
मेरी इस कद्र से तुम रहे हमेशा बेखबर
ऐब जो दिखा हम में तुमने साथ छोड़ दिया
जो दिखा अच्छा, तुमने उसका साथ किया

कद्र करते रहे हम, कष्ट ना हो कभी कोई तुम्हें
महफिल में साथ ना रखा, बाहर छोड़ा तुमने हमें

फिर भी हम खफा नहीं, उम्र भर साथ चले
बढ़ाते रहे शान पैरों की, भले ही कद्र ना मिले

स्थान पैरों में है कहकर, कीमत घटा दी हमारी
फिर भी हम सफर हम करते हैं, कद्र तुम्हारी

30. मेरा सपना

ए मेरे वतन और मेरे वतन के बहन-भाई
जातिवाद छोड़ो, ना करना तुम लड़ाई

लड़ना है तो लड़ो तुम देश के गद्दारों से
और अपने भीतर छिपे झूठे अहंकारों से

हटाओ मन का मैल, हम हिंदुस्तानी हैं
जातिवाद छोड़ो, यह तो बात पुरानी है

आओ मिलकर सभी धर्म रचें नया इतिहास
गाएं राष्ट्रगान हम और हो जाएं सब साथ

वंदे मातरम कहेंगे हम जब तक है जान
सदा कर्म करें ऐसे, भारत की बड़ी शान

कहते रहेंगे सदा हम भारत माता की जय
हर क्षेत्र में होती जाए मेरे भारत की विजय

हम सबका और मेरा बस यही सपना है
सारे धर्म बाद में, पहले भारतीयता धर्म अपना है

31. कृष्ण सुदामा

कांटे भरे थे राहों में
और हंसने वाले हजार
फिर भी की थी सुदामा ने
वह कठिन राहे पार

कृष्ण ने भी गले लगाया
और अश्रु नैन हजार
देखते और गले लगाते
मित्र को बार-बार

मित्रता हो तो ऐसी हो
जिसे दुनिया करे याद
समझ गए सारे दुख
बिना सुने फरियाद

आंखों के अश्रु से धोए कृष्ण ने सुदामा के पांव
कांटे निकाले पांव से, मरहम लगाया घाव

सेवा कर सुदामा की कृष्ण बड़े हर्षने लगे
सुदामा को सुलाया और अपना वैभव लुटाने लगे

यही है मित्रता सच्ची
जिसमें देना होता है
निस्वार्थ होता है प्रेम
मित्रता निभाना होता है

32. भिखारी

चलती राह में एक भिखारी मिला
उसने कटोरा मेरे सामने किया
सोचा कुछ क्षण मैंने
उसे कुछ दूं या ना दूं
फिर दो का सिक्का निकाला
और उसे दे दिया
कारण यह नहीं
कि मुझे दया आ गई
कारण कुछ और था
कई बिना कटोरी वाले भिखारी भी
हजारों मांग जाते हैं
मन में यही शोर था

33. बढ़ेगा देश

इस मिट्टी में जन्म है सौभाग्य मेरा
ए भारत भूमि, मुझ पर है उपकार तेरा
रहना है सदा तेरे चरणों में, ए मां
तुझ जैसा सुख दूसरा और कहां

ज्ञान यहां से लेकर कहीं और न जाएंगे
पढ़े कहीं भी, चाहे कमाने यही आएंगे
अपनी भूमि को ही अपना ज्ञान बताएंगे
अपने देश को हम हमेशा आगे बढ़ाएंगे

और बढ़ रहा, धीरे-धीरे हो रहा तैयार
गवाह है उन्नति की यह दिशाएं चार
इस उन्नति पथ पर हमको चलते जाना है
इस देश की प्रगति में अपना हाथ बढ़ाना है

कहलाएगा देश मेरा फिर से सोने की चिड़िया
पहना दो गद्दारों को बेड़ियां, हथकड़ियां
बीज बोएं देश प्रेम का, कांटे हम इसकी फसल
देश प्रेम से भरी होगी फिर आने वाली नस्ल

हो जाओ सब साथ, यही है उद्देश्य
करो ऐसे काम कि बढ़ता रहे हमारा देश
देश की शान बड़ी तभी बढ़ेगी हमारी शान
करेंगे प्रयास हरदम, जब तक है जान में जान

34. नशा

इतना न कर नशा
कि नशा तुम्हारा आदी हो जाए
तुम सामने से जाओ
मैंकशा आवाज लगाए

तुम उसे भूलो लेकिन
वह तुम्हें भूल ना पाए
जाओ किसी महफ़िल में
नशा तुम्हारे चर्चे सुनाए

जो बदनाम खुद है वह
कर देगा बदनाम तुम्हें
भर लेगा तिजोरी खुद की
कर देगा बर्बाद तुम्हें

इतने मैं भी चैन न लेगा
छूटेगा घर परिवार तेरा
रहोगे अकेले समझ लो
आगे फैसला तुम्हारा

35. सक करती हूं थारे पे

सुणो ओ गुल्लू के बापू सा
थारे को जल्दी कैसी
जिसके बिना घर ना चाले
नहीं कमी कोई ऐसी

सुबह सवेरे और धणी
तुम धन कमाने जाते हो
बांट देख सो जाती मैं
तब जाकर घर में आते हो

आज ही मुझसे कह गई
साम भाई सा की लुगाई
की राणी तने देकर गई
घेवर और नान खटाई
और बड़ी खुस हो होके
थारे धणी से रही बतियाई

कान खोल सुनो धणी
मैं सक करती हूं थारे पे
बिल्कुल हुसयारी ना करो

नजर है म्हारी थारे पे

सुण लो ओ मारे धणी
थारे बिन मैं रह ना पाऊंगी
जो लाए तुम दूजी लुगाई
मैं उसे मार मर जाऊंगी

मर गई तो आंगन में
पीपल से लटक जाऊंगी
आते जाते हो धणी मैं
तुमको बड़ा सताऊंगी

जीने ना दूंगी चैन से
ना मरणे दूंगी थारे को
इस लिए कहती हूं धणी
धोखा ना देणा मारे को

36. तकदीर

रेत के कण हैं समंदर में कई
पर हर कण मोती नहीं बनता
मिट्टी, पानी बेहिसाब फिर भी
हर कहीं गुलिस्तान नहीं खिलता
बाज़ियाँ हजार जीत ले चाहे कोई
हर कोई शहंशाह नहीं बनता
कहते हैं तक़दीर बदलती है मेहनत से लेकिन
हर मेहनत वाला धनवान नहीं बनता

37. मेरा तिरंगा

देश के लिए बड़ी भावनाएं हैं हमारे मन में
देश के लिए कुछ कर पाऊं, इच्छा है इस जन्म में

हमारे कई जवान सीमाओं पर हो रहे हैं शहीद
नम आंखों से उनके लिए झुकाते हैं शीश

जन्मदिन पूछे कोई तो बताते नहीं हैं हम
अभी तक जो किया है, वह बहुत है कम

शायद किसी दिन देश के बड़े काम आ जाए
और फिर हमारा भी जन्मदिन मनाया जाए

इच्छा है, देश मेरा आगे बढ़ता जाए
सबसे आगे, सबसे ऊपर हमारा तिरंगा लहराए

इच्छा एक हमारी भी शायद पूरी हो जाए
हमारे तब तिरंगा, हमारे शव की शान बढ़ाएं

38. मेरी जिंदगी तुम ही हो

मेरी जिंदगी की कविता और मेरी राहें
मेरे हर शब्द और मेरी **बातें**
तुमसे ही शुरू हैं और तुम पर ही खत्म
जख्म हो कहीं, कोई तुम ही हो मरहम
मेरी जिंदगी की आस हो, तुम ही दिल के पास हो
कभी खत्म न हो, वो आकाश हो तुम, मेरी जिंदगी का सूर्य प्रकाश हो
तुम
निगाहें हटें नहीं तुमसे, यह आरज़ू है मेरी
आशा तुम ही, खुशी तुम ही, जिंदगी तुम ही हो

39. मेरी बा

बा, मेरी बा
तुम छांव हो, तुम धूप हो, तुम मीठा सा एहसास हो
जीवन के गहन अंधेरे में, मंदिर का दीप प्रकाश हो
वृक्षों में, वट वृक्ष हो, हर एक डाली का हो आधार
बा, आपसे ही महक रहा है, अपना घर परिवार
आपकी बातें और अनुभव, बहुत कुछ सिखाते हैं हमें
बातों में सरलता, व्यवहार और संस्कार, नहीं कहीं उलझने
रहो सदा आप स्वस्थ और खुश, है यही कामनाएं

40. तुम एक स्त्री हो

नारी, तुम शक्ति हो, साहस हो।
लक्ष्मी हो, धन भंडार हो।
अन्नपूर्णा भी तुम हो,
सरस्वती हो।
ज्ञान का न रुकने वाला प्रवाह भी तुम हो।
किसी की मां, किसी की बेटी, और किसी की बहन, कभी किसी की
पत्नी हो।
लेकिन सबसे पहले स्वयं को समझो, तुम एक स्त्री हो।

www.ingramcontent.com/pod-product-compliance
Lightning Source LLC
La Vergne TN
LVHW051229200726

843510LV00011B/1528